Nudo

Pelado

Italiano-Portoghese (Brasiliano)

Libro illustrato bilingue per bambini

Richard Carlson

Suzanne Carlson

The author would like to thank the illustrator and translators for their help.

I miei due fratelli minori, Michael e Steven, ed io stavamo lottando in un'enorme, densa e profonda pozzanghera di fango nel nostro cortile. Poi, è arrivata l'ora di cena.

La mamma è entrata nel cortile sul retro e ha detto: "Spogliatevi che vi lavo".

Meus dois irmãos mais novos, Michael e Steven, e eu estávamos brincando de lutar em uma enorme e profunda poça de lama grossa em nosso quintal. Então, soou a hora do jantar.

Minha mãe chegou no quintal e disse: "Tirem as roupas, vou usar a mangueira d'água para lavar vocês".

Michael e Steven si sono tolti tutti i vestiti, ma io ho lasciato le mutande.

"Togliti le mutande", ha detto la mamma.

Michael e Steven tiraram todas as roupas, mas eu continuei com a minha cueca.

"Tire a cueca", disse minha mãe.

Mi è venuto un nodo in gola. Sarah, una ragazza della mia età, abitava nella casa accanto.

Sarebbe stato già abbastanza brutto per una ragazza vedermi in mutande, figuriamoci vedermi nudo. Sentivo il cuore che mi batteva in gola.

Senti um frio na barriga de tão nervoso. Sarah, uma garota da minha idade, morava ao lado da minha casa.

Já seria bem ruim uma garota me ver só de cueca e, pior ainda, me ver pelado. Senti meu coração batendo na garganta.

"Non voglio", risposi, accigliato e indicando la casa accanto alla nostra. "Sarah potrebbe vedermi nudo".

"Não quero", respondi, franzindo a testa e apontando para a casa ao lado. "A Sarah vai me ver pelado."

"Va bene, puoi lasciartele addosso", ha risposto la mamma con un grande sorriso. Ho sentito il mio stomaco nervoso e tremante tornare alla normalità.

"Tudo bem, então não tira", minha mãe respondeu com um grande sorriso. Senti que minha barriga nervosa e trêmula voltava ao normal.

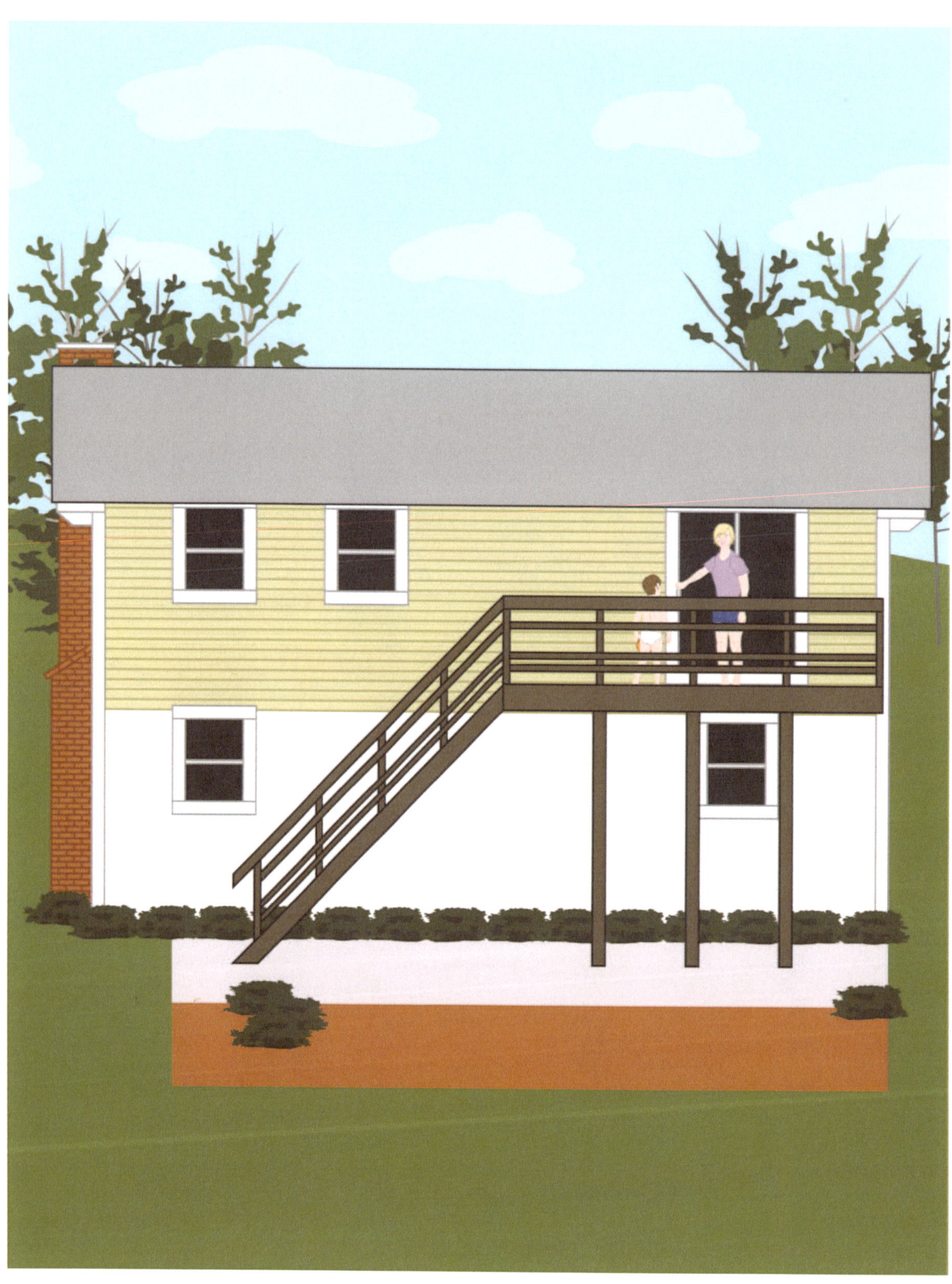

La mamma mi ha spruzzato per lavarmi, poi abbiamo salito le scale fino al pianerottolo e siamo entrati attraverso la porta scorrevole.

Minha mãe me lavou com o jato d'água, depois subimos as escadas até a varanda e entramos pela porta de correr.

Dentro, mi sono sentito al sicuro, allora mi sono tolto le mutande. I miei fratelli ed io andammo velocemente, nudi, nelle nostre camere da letto e ci vestimmo di fresco.

Sono così felice di aver detto alla mamma come mi sentivo!

Dentro da casa, me senti seguro, por isso tirei minha cueca. Meus irmãos e eu corremos pelados para nossos quartos e vestimos roupas limpas.

Estou contente de ter dito à minha mãe como eu me senti!

Informazioni sul libro: Richard è un ragazzo molto timido, sensibile e fantasioso. Non c'è niente di più imbarazzante per lui di essere visto nudo da una ragazza. La mamma capirà la sua situazione e lo aiuterà a uscire dalla situazione scomoda in cui si trova? Basato su una storia vera accaduta a Stormville, nello stato di New York, USA, intorno al 1979.

L'autore: Richard Carlson Jr. è un autore di libri bilingui per bambini. www.richardcarlson.com

L'illustratrice: Suzanne Carlson, artista dotata di un talento poliedrico, si diverte a creare un'ampia gamma di progetti. www.suzannecarlson.com

 www.ingramcontent.com/pod-product-compliance
Lightning Source LLC
Chambersburg PA
CBRC090749110726
48005CB00008B/1019